Gießkeramik
Formen, Farben, Techniken

Stephanie Eitel · Silke Reichardt

Gießkeramik

Formen, Farben, Techniken

ENGLISCH VERLAG

Eitel, Stephanie / Reichardt, Silke:
Gießkeramik: Formen, Farben, Techniken /
Stephanie Eitel, Silke Reichardt. – Wiesbaden: Englisch, 1990, 4. Aufl. 1993.

ISBN 3-8241-0418-0

Inhaltsverzeichnis

Vorwort	7
Das Gießen von Rohlingen	8
Der Umgang mit Gießformen	8
Die Herstellung von Rohlingen	8
Das Entgraten von Rohware	10
Das Werkzeug	10
Das Entgraten	10
Das Brennen von Rohlingen	12
Materialien zum Bemalen	12
Die Pinsel	12
Tips zur Pinselpflege	13
Die Farben	14
Der Farbkreis	14
Die Zusatzprodukte	14
Das Drybrushing	16
Grundieren	16
Patinieren	16
Drybrushing	17
Versiegeln	17
Tips zum Malen von Augen	18
Beispiele	20
Enten	20
Hunde	22
Katzen	23
Perserkatzen	24
Vögel	24
Eulen	25
Teddybären	26
Müder Bär	27
Geburtstagsbärchen	28
Puppen	30
Putten	34
Hasenfamilie	36
Pünktchen und Ludwig	37
Schafe	37
Osterdekorationen	38
Weihnachtsdekorationen	44
Engel	47
Tannen	47
Musikengel	48
Engel auf Wolke	48
Winterdorf	50
Knusperhaus	54
Schneemann	55
Krippenspiel	56
Antike Bronzetechnik	60
Dark-to-Light-Technik	61
Hahn und Henne	61
Ausglasieren von Dosen	62
Gänsemutter	63
Verwendete Dekorationsmaterialien	64

Vorwort

Das Herstellen von Gießkeramik ist ein wahrhaft faszinierendes Hobby. Mit Hilfe von vorgefertigten Gießformen gelingen Ihnen mühelos die gewünschten Rohplastiken. Beim Ausgestalten dieser Rohlinge können Sie dann Ihre Kreativität voll entfalten.

Entdecken Sie Ihr Talent, reizvolle Gegenstände für den Eigenbedarf oder zum Verschenken zu gestalten.

Dies ist eine Freizeitbeschäftigung, an der nicht nur Sie, sondern Ihre ganze Familie und Ihr Freundeskreis Anteil nehmen können. Ein Hobby, das von Anfang an von Erfolg gekrönt sein wird. Schritt für Schritt führen wir Sie deshalb in die Herstellung und in die verschiedenen Techniken der Bemalung von Gießkeramik ein.

Die von uns erstellten Malanleitungen sind als Anregung zu verstehen. Lassen Sie Ihrer Phantasie freien Lauf, denn das A und O in der Keramik ist Ihre persönliche Note!

Die obige Abbildung zeigt, daß es viele Möglichkeiten gibt, eine vorgegebene Form individuell zu gestalten.

Das Gießen von Rohlingen

Für das Gießen Ihrer Rohlinge benötigen Sie Schlicker, der sich aus Trockenton, Wasser, kalzinierter Soda und Wasserglas zusammensetzt. Aus Erfahrung empfehlen wir, den auf dem Markt angebotenen Fertigschlicker zu kaufen, da die Herstellung von eigenem Gießton zu aufwendig ist und viele Fehlerquellen bei der exakten Zusammensetzung birgt.

Der Schlicker soll die Konsistenz von dickflüssiger Sahne haben. Rühren Sie ihn erst unmittelbar vor dem Gießen auf.

Der Umgang mit Gießformen

Keramische Gießformen bestehen aus Gips, einem relativ weichen Material. Bei der Handhabung müssen Sie einige Punkte beachten, um die Lebensdauer Ihrer Formen nicht zu verkürzen:

1. **Keine Gewaltanwendung beim Öffnen der Form!** Öffnen Sie Gießformen niemals mit Gewalt, da Sie hierbei die Verbindungsstifte abbrechen können. Läßt sich eine neue Form nicht gleich öffnen, so sollten Sie für kurze Zeit Wasser über die Nahtstelle laufen lassen. Anschließend kann man das Oberteil problemlos abheben.

2. **Keine Massenproduktion!**
Eine Form dürfen Sie höchstens **vier- bis fünfmal pro Woche gießen.** Danach hat der Gips so viel Wasser vom Schlicker aufgesogen, daß dieser erst einmal völlig durchtrocknen muß,

bevor die Form erneut zum Gießen benutzt werden kann.

3. **Trocknen Sie die Teile einer Gießform immer zusammen,** damit sie sich nicht verziehen. **Beschleunigen Sie den Trocknungsprozeß niemals künstlich.** Plätze in der Nähe von Brennofen, Backofen oder Heizung sind denkbar ungünstig.

Formen müssen von allen Seiten gleichmäßig und nur allmählich trocknen.

Säubern Sie die Innenseiten einer Form mit einem weichen Pinsel, wenn Sie Staub oder andere Fremdkörper entfernen möchten.

Verwenden Sie hierfür niemals Wasser, da die genauen Umrisse so ihre Schärfe verlieren würden.

Die Herstellung von Rohlingen

Zum Gießen von Rohlingen benötigen Sie
- die gewünschte Form
- eine ausreichende Menge Schlicker
- ein Gießgefäß
- einen Abstaubpinsel
- Gummibänder
- ein weiches Plastikmesser

Schließen Sie die trockenen und gesäuberten Formenteile und halten Sie diese mit einem Gummiband gut zusammen. Bei der Benutzung großer Formen empfehlen wir aus Erfahrung die Anschaffung von Verschlußbändern, da diese dem Druck besser standhalten.

Nun ist die Form für das Gießen präpariert.

Nehmen Sie sich ein *Gefäß, das mehr Schlicker faßt, als Sie für die Form benötigen.*

Gießen Sie den Schlicker in einem *langsamen und gleichmäßigen Strahl* in Ihre Form. Hierdurch vermeiden Sie die Bildung von Luftblasen.

Die Gipsform saugt das Wasser des Schlickers auf. Dies ist daran zu erkennen, daß der Gießtonspiegel absinkt und sich eine relativ feste Wand bildet. *Füllen Sie die Form so oft mit Schlicker bis zum oberen Rand des Gießlochs nach, bis der Gießrand die gewünschte Stärke hat.* So erreichen Sie, daß der Rohling an allen Stellen die gleiche Stärke aufweist.

Ist die gewünschte Wandstärke (ca. 3–5 mm) erreicht, gießen Sie den Rest des noch flüssigen Schlickers zurück in das Gefäß. Das Erreichen der Wandstärke hängt von der Größe der Form, der Konsistenz des Schlickers und davon ab, wie oft die Form gegossen wurde. Sie kann eine Minute beim Herstellen von Anhängern, aber auch eine Stunde beim Arbeiten sehr großer Übertöpfe betragen.

Wenn der Gießrand leicht angetrocknet ist, lösen Sie ihn mit einem Plastikmesser ab. Legen Sie die Form danach auf die Seite.

Wenn der Rohling in der Form vollständig abgebunden hat, läßt sich diese öffnen. Sie erkennen es daran, daß sich die obere Hälfte mühelos von der unteren abheben läßt.

Öffnen Sie die Form vorzeitig mit Gewalt, fällt der Rohling in sich zusammen oder reißt auseinander, da er noch nicht ausgehärtet ist.

Entfernen Sie jetzt den Gießrand. Behandeln Sie den noch relativ feuchten Rohling mit äußerster Vorsicht. Läßt er sich nicht leicht entnehmen, so lassen Sie ihn noch einige Zeit in der Form aushärten.

Flache Teile, zum Beispiel Teller und Schüsseln, lassen Sie einen Tag in der geöffneten Form liegen, damit sie sich beim Entnehmen nicht verziehen.

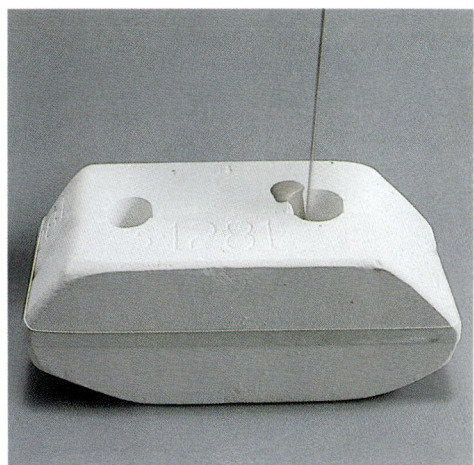

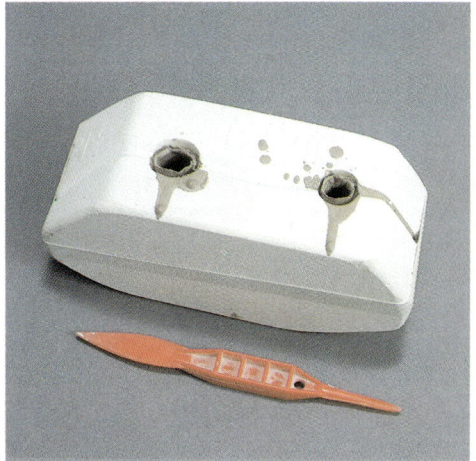

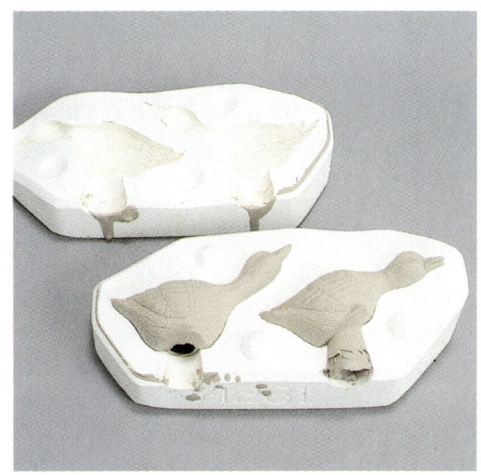

Sollte der Rohling aus mehreren Teilen bestehen – beispielsweise werden bei Katzen Kopf und Rumpf meist einzeln gegossen –, so müssen diese noch in lederhartem Zustand aneinandergeschlickert werden.

Benutzen Sie hierfür dickflüssigen Gießton.

Stechen Sie ein Loch in die Verbindungsstelle, damit die Luft entweichen kann. (Luft dehnt sich beim Brand aus und würde so das Teil zum Platzen bringen.)

Verstreichen Sie die Nahtstelle mit dem Plastikmesser. So haben Sie die Möglichkeit, beim Entgraten diesen Bereich zu kaschieren.

Vor der weiteren Bearbeitung muß der Rohling gut trocknen.

Das Entgraten von Rohware

Das Werkzeug

Für das Entgraten von Rohlingen benutzen wir die abgebildeten Werkzeuge.

Entgratemesser:
Dieses Werkzeug eignet sich hervorragend zum Entfernen der Naht.

Stylus:
Das kugelschreiberartig geformte Werkzeug braucht man zum Ziehen feiner und feinster Linien.

Sgraffito:
Hierbei handelt es sich um ein Werkzeug aus der Glasurarbeit, das wir zweckentfremdet haben, da es sich aufgrund seiner Form ausgezeichnet zum Nachritzen von Strukturen eignet.

Schmirgelschwamm:
Damit wird die abgekratzte Nahtstelle geglättet.

Tip: Selbst der weiche Schmirgelschwamm ist noch relativ grobkörnig. Sollten Kratzspuren auf dem Rohling verbleiben, so lassen sich diese mit der gelben Seite des Schwamms beseitigen. Sie befeuchten den Schwamm mit Wasser, drücken ihn gut aus und wischen über die Nahtstelle.

Das Entgraten

Rohlinge lassen sich am besten entgraten, wenn sie völlig durchgetrocknet sind.

Beseitigen Sie als erstes mit dem Entgratemesser die Nahtränder. Diese Arbeit erinnert an das Schaben einer Mohrrübe.

Glätten Sie die Nahtstellen nun mit dem Schmirgelschwamm.

Durch diese Vorarbeiten geht teilweise die feine Struktur des Rohlings verloren. Deshalb benötigen Sie jetzt das Sgraffito-Werkzeug, das Sie auch für die Stellen benutzen können, an denen Einzelteile angesetzt wurden.

Lassen Sie das Sgraffito-Werkzeug mit mehr oder weniger Druck über die geschmirgelte Nahtstelle gleiten. Der Druck und das Halten des Werkzeugs ergibt sich aus der angrenzenden Struktur. Bei senkrechter Haltung erzielen Sie feine, bei waagerechter Haltung breite Strukturen.

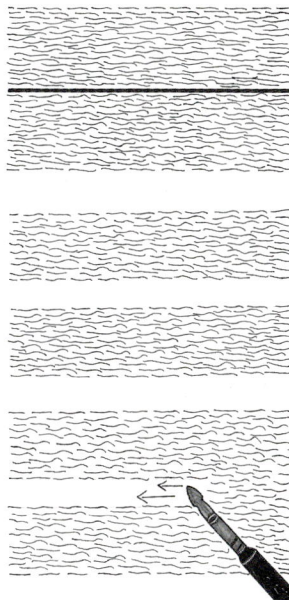

Danach sieht man dem Rohling nicht mehr an, wo die Naht verlief beziehungsweise Teile zusammengesetzt wurden. Bei Teilen, die feine und weichkantige Strukturen erfordern, zum Beispiel Rüschen, Schnabellinien, Nasenlöcher und ähnliches, benutzen Sie den Stylus. Mit diesem Werkzeug können Sie den Rohling auch mit Ihren Initialen oder Namen kennzeichnen.

Tip:

Rohlinge sind relativ empfindlich. So kann es vorkommen, daß Sie die Keramik beim Entgraten beschädigen. Daher lohnt sich die Anschaffung eines preisgünstigen Reparaturschlickers. Einzelteile lassen sich so kleben, Luftlöcher kann man zuschmieren.

Das Brennen von Rohlingen

Nach dem Entgraten der Rohware erfolgt der erste Brand, der sogenannte Schrühbrand bei 1060 °C (Cone 04).

Dieser Brand dauert je nach Größe des Brennofens und der eingefüllten Anzahl der Rohlinge zwischen fünf und neun Stunden. *Lassen Sie Ihren Brennofen vor dem Öffnen nochmals die doppelte Zeit auskühlen.* Entnehmen Sie die Teile erst dann, wenn Sie diese mit der bloßen Hand anfassen können. Vorzeitiges Öffnen schadet den Brennelementen Ihres Ofens und der Keramik.

Materialien zum Bemalen

Die Pinsel

Dieses Kapitel sollten Sie auf keinen Fall beim Lesen des Buches auslassen oder überfliegen, auch wenn Sie davon überzeugt sind, ein ausreichendes Pinselsortiment zu besitzen.

Aus eigener Erfahrung wissen wir, daß man versucht ist, gerade an dieser Stelle Geld zu sparen, indem man zu einfachen Schulmalpinseln greift.

Der Erfolg Ihrer Malarbeit hängt in erster Linie von der Qualität und Herstellungsart der Pinsel ab!

Die von uns verwendeten Pinsel werden speziell für die folgende Maltechnik hergestellt.

Die Pinsel für das *Drybrushing* (engl.: Trockenauftrag) werden in runder oder flacher Ausführung aus Borsten hergestellt.

Beide Pinselarten sind gleichwertig. Experimentieren Sie mit den Pinseln und finden Sie heraus, welche Ausführung sich für Ihre Arbeit am besten eignet.

Pinsel für das Drybrushing haben Borsten, die speziell für das ständige Bürsten auf Papier und Keramik ausgesucht wurden.

Gegenüber normalen Borstenpinseln haben sie die Vorteile, daß sie

- nach dem ersten Malen nicht mehr haaren;
- nicht spreizen;
- lange Borsten besitzen, die auf der Keramik schwingen können;
- weiche Borsten besitzen, die die unteren Farbschichten nicht aufreißen.

Durch das ständige Bürsten wird Ihr Pinsel im Laufe der Zeit kürzer. Sie merken es spätestens dann, wenn die Farben beim Malen scheckig beziehungsweise Farbschichten beim Malen wieder abgekratzt werden.

Jetzt sollten Sie sich zum erfolgreichen Arbeiten einen neuen Pinsel zulegen.

Tip:

Werfen Sie alte Pinsel nicht weg!

Zu kurze Pinsel lassen sich gut zum Grundieren und zum Abstupfen glatter Flächen benutzen.

Für das Malen von Augen haben wir uns einen speziellen Pinsel anfertigen lassen.

Er besitzt einen Dreikantstiel. Dieser liegt sehr gut in der Hand und verhindert ein Abrollen vom Tisch, wobei die Spitze verletzt werden kann.

Er ist als Retuschierpinsel gearbeitet. Seine Haare sind relativ kurz gebunden, dennoch verfügt er über eine exakte Spitze. Er kann extrem viel Farbe speichern

Tip:

Aus Erfahrung wissen wir, daß sich das Mittelhaar oft als störend erweist, da es beim Malen ausschert.

Feuchten Sie den Pinsel an und führen Sie ihn waagerecht durch eine Kerzenflamme. Hierbei brennt das störende Haar weg, die anderen bleiben unbeschädigt.

Schneiden Sie störende Haare niemals mit einer Schere oder einem Messer ab!

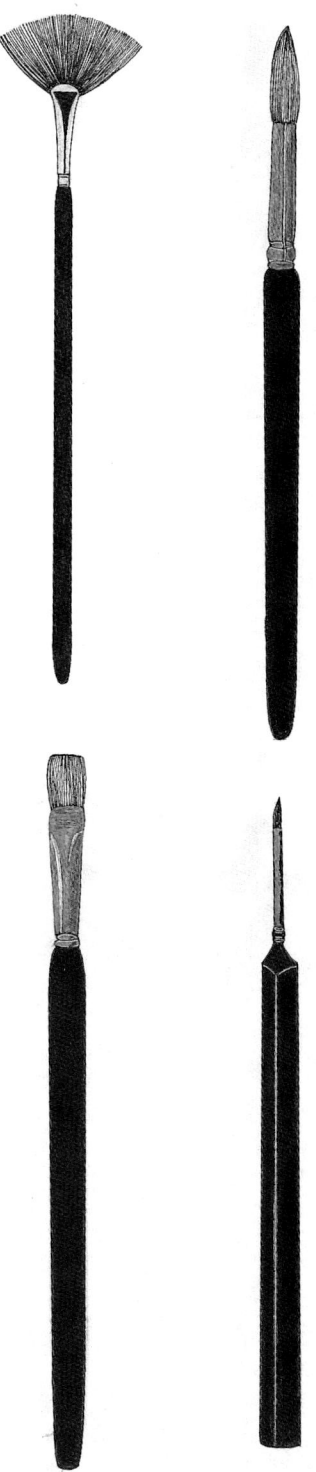

Tips zur Pinselpflege

Da die Pinsel das wichtigste Werkzeug Ihrer Arbeit darstellen, sollten Sie die folgenden Punkte beachten:

1. Reinigen Sie die Pinsel nach Gebrauch *sofort* mit Wasser.
   Achten Sie darauf, daß keine Farbrückstände in der Nähe der Metallzwinge bleiben. Diese würden sich mit der nächsten Farbe vermischen.
2. Lassen Sie Pinsel niemals im Wasser stehen. Dies gilt besonders für die feinen Haarpinsel! Hat sich einmal ein Knick in den Haaren gebildet, tritt dieser immer wieder auf, wenn er mit Wasser oder Farbe in Berührung kommt.
3. Nach Beendigung der gesamten Malarbeit empfiehlt es sich, die Pinsel in lauwarmem Wasser mit etwas Handseife zu reinigen.
   Bringen Sie die Pinsel in die gewünschte Form und lassen Sie sie aufrecht stehend trocknen.

Die Farben

Wie bei den Pinseln sollten Sie auch bei den Farben darauf achten, daß diese speziell auf die Keramik abgestimmt sind. Keramische Kaltfarben sind darüber hinaus so vielseitig einsetzbar, daß Sie damit auch Papier, Stoff, Holz, Gips und vieles mehr bemalen können.
Alle Farben werden vor Gebrauch gut geschüttelt. Sollten sie im Laufe der Zeit eindicken, so geben Sie einfach etwas Wasser hinzu.
Wir benutzen bei unserer Arbeit die folgenden Farbgruppen:

Kaltfarben:
Diese Farben werden zum Grundieren, für das Drybrushing und als pure Farbaufträge verwendet.

Patina:
Die Patina ist auf Ölbasis aufgebaut. Man verwendet sie, um die Strukturen des Objekts sichtbar werden zu lassen. Es wirkt nicht mehr „angestrichen".

Perlmuttfarben:
Die Perlmuttfarben sind transparent. Man verwendet sie entweder zum Drybrushing oder trägt sie pur auf.

Metallicfarben:
Sie sind wie die Perlmuttfarben einsetzbar.

Der Farbkreis

Auch bei den verschiedenen Farbtönen der keramischen Farben unterscheidet man Primär- und Sekundärfarben.

Primärfarben:
Geld, Rot, Blau
Dies sind Farben, die sich nicht durch das Mischen anderer Farben erzielen lassen.

Sekundärfarben:
Orange, Violett, Grün

Diese Farben entstehen durch das Mischen zweier Primärfarben.
Die Primär- und Sekundärfarben können Sie jetzt noch untereinander mischen, um Zwischentöne zu erreichen. Weiß und Schwarz hellt diese auf beziehungsweise dunkelt sie ab.
Möchten Sie *Pastelltöne* mischen, so müssen Sie in den meisten Fällen einen Tropfen Schwarz hinzugeben, damit die Farbe nicht mehr „blitzt".

Ob Sie sich zum Kauf oder Mischen einer Farbe entscheiden, hängt von der Menge ab, die Sie benötigen. Die Erfahrung zeigt, daß man stets mehr Farbe anmischt, als man benötigt. Die Reste sind dann so gering, daß sie schnell eintrocknen und somit unbrauchbar werden.

Die Zusatzprodukte

Versiegler:
Hierbei handelt es sich um ein Spray, das die bemalte Keramik griff- und wasserfest macht. Gleichzeitig wirken die Farben brillanter.

Kaltfarben

Weiß	Vanille	Maisgelb	Goldgelb
Senf	Orange	Apricot	Mohnrot
Rubinrot	Pink	Orchidee	Altrosa
Saphirblau	Azurblau	Rauchblau	Taubenblau
Babyblau	Türkis	Jadegrün	Moosgrün
Immergrün	Farngrün	Safaribeige	Nougat

Kaltfarben

| Natur | Zimt | Sienna | Mahagoni |
| Platingrau | Schiefer | Schwarz | |

Patina

| Braun | Schwarz |

Perlmuttfarben

| Weiß | Rosa | Gelb | Rot |
| Blau | Grün | Braun | |

Metallicfarben

| Gold | Bronze |

Der Versiegler muß vor jedem Gebrauch unbedingt gut geschüttelt werden. Halten Sie die Keramik in einen gleichmäßigen Sprühstrahl und drehen Sie sie dabei. Der Abstand sollte etwa 30 cm betragen. Die Keramik schimmert leicht feucht. Nach ungefähr einer Minute ist die Farbe griffest.
Teile, die wir auf die Terrasse oder in den Garten stellen, versiegeln wir ein zweites Mal.

Gloss:

Gloss ist eine milchige Flüssigkeit, die beim Trocknen transparent wird und die unterliegende Fläche zum Glänzen bringt. Wir benutzen es vorwiegend beim Augenmalen, um den Effekt der natürlichen Augenfeuchte zu erzielen.

Wichtig: - Gloss darf nicht geschüttelt werden.
- Bringen Sie eventuell auftretende Luftbläschen mit der Pinselspitze zum Platzen, da sie sonst als kleine „Krater" zurückbleiben.

- Versiegeln Sie immer vor dem Glossauftrag, da es sonst wieder matt werden würde.

15

Tragen Sie das Gloss satt auf. Schieben Sie dieses mit einem Haarpinsel über die entsprechende Stelle, ohne dabei den Untergrund zu berühren. Sie sollten eine gleichmäßige milchige Fläche erzielen. Pinselstriche bleiben auch nach dem Trocknen sichtbar.

Möchten Sie noch mehr Glanz erzielen, so wiederholen Sie den Vorgang.

Diamantenstaub:

Er besteht aus kleinen Plastiksplittern, die funkelnde Effekte setzen.

Als Klebstoff benutzen Sie hierfür das Gloss. Tragen Sie es auf die gewünschte Stelle auf und streuen Sie den Diamantenstaub in das noch feuchte Gloss.

Schnee:

Schnee ist eine feste, deckende Paste, die mit einem Pinsel oder kleinem Spachtel je nach Bedarf mehr oder weniger dick aufgetragen wird.

Sie erzielen so den Effekt von Fell- oder Plüschstücken (zum Beispiel Weihnachtsmannjacken) oder auch verschneiten Wegen und Dächern.

Tip:

Schnee ist gleichzeitig ein ausgezeichneter Keramikkleber

Reißlack:

Dies ist eine dickflüssige Masse, die eine Grundfarbe von einer zweiten Farbe abgrenzt. Sie bewirkt, daß die zweite Farbe aufreißt.

Reißlack benutzt man stets dann, wenn man den Effekt einer natürlichen Verwitterung erzielen möchte.

Natürlich können Sie die Arbeit auch patinieren. In diesem Fall ist das Patinieren der letzte Schritt (erster Farbauftrag – Reißlack – zweiter Farbauftrag – Versiegeln – Patinieren)!

Sehr schöne Effekte lassen sich auch beim Bemalen von Spandosen erzielen.

Das Drybrushing

Diese Technik kann nur auf Schrühware angewendet werden.

Schrühware ist die Bezeichnung für Keramikteile, die nach dem Trocknen der Rohware entgratet und anschließend gebrannt wurden.

Grundieren

Benutzen Sie einen einfachen Borstenpinsel für den einfarbigen Grundauftrag. Die Farbe wird mit etwas Druck auf das gesamte Stück aufgetragen. Es dürfen keine weißen Flecken mehr zu sehen sein.

Dies ist wichtig, da Sie hierdurch die Poren verschließen und die Keramik somit für den zweiten Schritt vorbereiten.

Den Pinsel mit Wasser reinigen.

Patinieren

Benutzen Sie einen einfachen Haarpinsel für das Patinieren mit der Ölfarbe.

Die Patina wird auf das gesamte vorher grundierte Stück aufgetragen. (Bei großen Teilen arbeiten Sie am besten in Teilstücken.)

Die Patina darf nicht antrocknen, deshalb wird sie *umgehend* mit Küchenpapier *quer zur Struktur* wieder abgewischt, so daß die Patina nur in den Vertiefungen zurückbleibt.

Den Pinsel nach Gebrauch sofort mit Terpentinersatz oder ähnlichem reinigen.

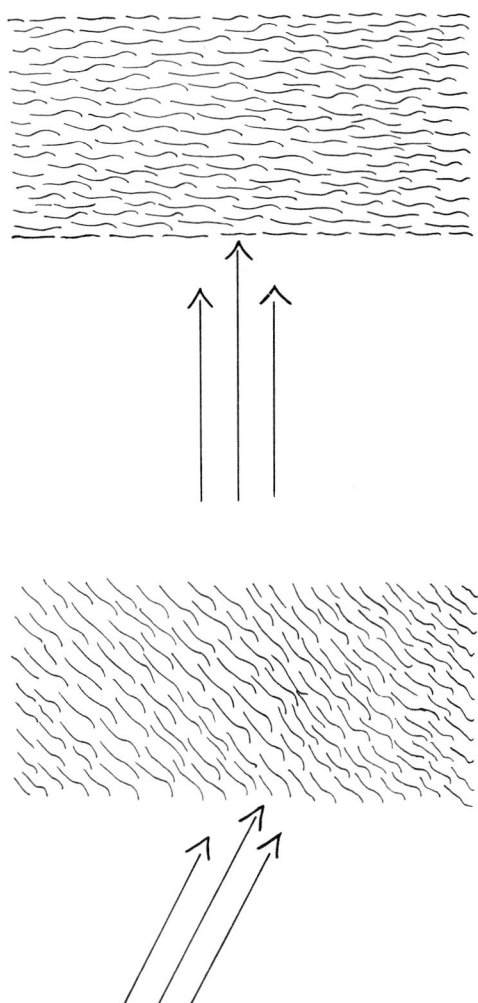

der Dose ab. Jetzt wird der Pinsel solange auf dem Küchenpapier hin- und hergewischt, *bis Sie das Gefühl haben, daß jetzt keine Farbe mehr im Pinsel ist.*

Nun ist der Pinsel für das Drybrushing richtig vorbereitet.

Die im Pinsel verbliebene Farbe wird in schnellen Hin- und Herbewegungen auf die zu bemalende Fläche aufgetragen. *Achten Sie darauf, daß Sie immer quer zur Struktur malen, damit die Patina in den Vertiefungen erhalten bleibt.*

Je öfter man den Vorgang wiederholt, um so kräftiger wird die Farbe. Zwischen den einzelnen Farbaufträgen muß man das Stück immer gut trocknen lassen, da die untere Farbschicht sonst aufreißt. Bürsten Sie daher nicht zu lange auf einer Stelle!

Wenn Sie mit einer Farbe fertig sind, waschen Sie den Pinsel mit Wasser aus und wischen diesen gut trocken. Testen Sie es an Ihrer Handoberfläche. *Ein nasser Pinsel verdünnt die Farbe so stark, daß sie in die Patina laufen würde.*

Versiegeln

Damit man das bemalte Teil später feucht abwaschen kann, wird es mit einem transparenten, matten Lack überzogen. Den Versiegler vor Gebrauch gut schütteln! Das bemalte Stück wird aus etwa 30 cm Entfernung kurz eingesprüht. Gut trocknen lassen.

Tip:
Sollten Sie einmal mit einer Arbeit gänzlich unzufrieden sein, so können Sie alle Schritte wiederholen. Eventuell müssen Sie mehrmals grundieren, bis die Farbe deckt.

Das patinierte Stück gut trocknen lassen. Eventuell mit einem Haarfön nachhelfen.

Drybrushing

Für das Drybrushing benutzen Sie einen speziellen Drybrush-Pinsel.

Füllen Sie den Pinsel bis zur Hälfte mit der gewünschten Farbe. Nun streichen Sie die überschüssige Farbe am Rand

Tips zum Malen von Augen

Das Malen von Augen werden die meisten von Ihnen sicherlich als den schwierigsten Teil der Arbeit ansehen.

Vorab: *Das Augenmalen ist reine Übungssache!* Sie werden schnell Ihre Fortschritte erkennen.

Ihre Familie oder der Beschenkte erfreut sich an der gesamten Arbeit. Dabei werden „Augenfehler" meist nicht wahrgenommen.

Im folgenden Kapitel haben wir einige Tips zusammengestellt, die Ihnen die Arbeit erleichtern sollen.

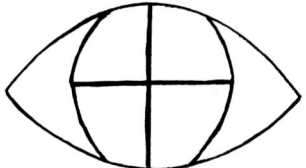

1. **Benutzen Sie beim Augenmalen einen guten Haarpinsel!**

2. **Arbeiten Sie stets mit leicht verdünnter Farbe!**
   Ist die von Ihnen benutzte Farbe für den Augengrund zu dickflüssig, erzielen Sie einen schlierigen Untergrund. Darauf ein rundes Auge zu malen erweist sich als schwierig, da der Pinsel sich spreizt beziehungsweise wegknickt.
   Es dauert zwar etwas länger, bis die Farbe deckt, aber Sie erleichtern sich die weitere Arbeit.

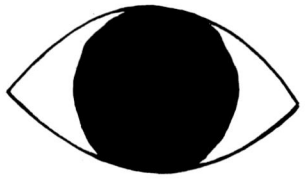

3. **Das Kreuz**
   Beim Malen des Auges auf den Augengrund helfen wir uns mit einem Kreuz.
   Malen Sie mit dem Pinsel auf den Augengrund ein Kreuz. *Wichtig ist hierbei, daß die senkrechte Linie oben und unten am Augenrand anstößt.* Dadurch vermeiden Sie, daß der Blick stechend wirkt.

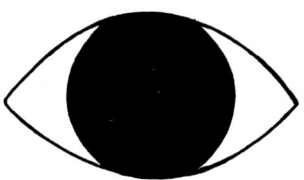

Jetzt verbinden Sie die Linien zu einem Kreis, der noch relativ unförmig aussieht.

Durch feine Pinselstriche erzielen Sie jetzt einen runden Kreis. Dies erfordert zu Beginn viel Geduld!

4. Der Lichtpunkt

Um die Spiegelung des Lichts im Auge anzudeuten, setzen Sie jetzt den Lichtpunkt.

Zu Beginn ist es in jedem Fall einfacher, sich auf einen wirklichen Punkt zu beschränken. Später versuchen Sie dann, ein Komma zu setzen.

Sind beide Augen des Objekts frontal auf Sie gerichtet, so setzen Sie den Lichtpunkt immer oben rechts in die Augen.

Befinden sich diese an der Kopfseite, so erhält das rechte Auge den Punkt oben rechts, das linke Auge oben links.

Damit die Punkte schön rund und gleich groß werden, benutzen Sie hierfür eine *Nadel ohne Spitze.* Je größer diese ist, desto größer wird auch der Lichtpunkt.

Tauchen Sie die Nadel in nicht zu dünne Farbe und setzen Sie diese senkrecht auf die gewünschte Stelle im Auge. Bevor Sie den zweiten Lichtpunkt setzen, müssen Sie die restliche Farbe an der Nadel abwischen, da der zweite Punkt sonst größer sein würde.

5. Die Pupille

Beim Malen unserer Augen verzichten wir auf das Setzen einer Pupille, da diese schnell einen stechenden Blick erzeugen kann. Wir deuten die Pupille nur an, indem wir unten links ins Auge einen zweiten, sehr feinen Lichtstrich setzen.

Da unser Gehirn die Fähigkeit besitzt, fehlende Teile zu bereits vorhandenen Teilstücken zu ergänzen, wird der Eindruck erweckt, daß eine Pupille vorhanden ist.

6. Augenfeuchte

Das natürliche Auge ist feucht. Um diesen Eindruck auch beim gemalten Auge zu erzeugen, tragen wir nach dem Versiegeln noch **Gloss** auf. Die Anwendung dieses Zusatzproduktes haben wir bereits im Kapitel „Die Zusatzprodukte" beschrieben.

Beispiele

Da es uns wichtig erschien, möglichst viele Malanleitungen anzuführen, haben wir diese nur stichpunktartig verfaßt. Die ausgewählten Beispiele stehen exemplarisch für eine jeweilige Gruppe und lassen sich somit auch auf andere Formen übertragen.

Farben:
– Safaribeige
– Patina Braun
– Weiß
– Orange
– Saphirblau

Grundieren: Safaribeige

Patinieren: Braun

Drybrushing:
- Gefieder mit Weiß
- Schnabel und Füße mit Orange

Augen:
- Augengrund mit Weiß
- Auge mit Saphirblau
- Lichtpunkte mit Weiß

Versiegeln
Glossauftrag auf das ganze Auge

Tip:
Bis die Gefiederoberfläche kräftig weiß schimmert, müssen Sie etwa vier bis fünf Aufträge vornehmen. Achten Sie darauf, daß die Farbe zwischenzeitlich gut durchtrocknet, da die untere Farbschicht sonst aufreißt.

Farben:
- Safaribeige
- Patina Braun
- Weiß
- Vanille
- Orange
- Schwarz

Grundieren: Safaribeige
Patinieren: Braun

Drybrushing:
- Gefieder mit Vanille
- Brust und Flügelspitzen mit Weiß
- Schnabel mit Orange

Augen:
- Augengrund mit Weiß
- Auge mit Schwarz
- Lichtpunkte mit Weiß

Versiegeln
Glossauftrag auf das ganze Auge

Tip:
Am besten malen sich diese Enten mit einem runden Drybrush-Pinsel. Lassen Sie etwas mehr Farbe im Pinsel und stupfen Sie Brust und Gefieder ab.

21

Hunde

Farben:
- Safaribeige
- Patina Braun
- Weiß
- Nougat
- Siena
- Schwarz

Grundieren: Safaribeige
Patinieren: Braun

Drybrushing:
- Gesamter Hund mit Siena
- Rücken, Kopf, Ohren und teilweise die Schenkel mit Schwarz
- Pfoten, Brust und Schwanz mit Weiß

- Nase und die Ballen mit Schwarz abstupfen

Augen:
- Augengrund mit Nougat
- Auge mit Schwarz
- Lichtstriche mit Nougat

Versiegeln
Glossauftrag auf das ganze Auge

Tip:
Da **Siena** eine sehr empfindliche Farbe ist, die leicht scheckig wird und sich schnell abreibt, sollten Sie diese Farbe nur **einmal** auftragen und anschließend gleich versiegeln! Nach der Versiegelung malen Sie wie gewohnt weiter.

Katzen

Farben:
- Platingrau
- Patina Schwarz
- Schwarz
- Weiß
- Taubenblau
- Altrosa

Grundieren: Platingrau
Patinieren: Schwarz

Drybrushing:
- Ganze Katze mit Schwarz
- Stromlinien mit Weiß und eventuell mit Zimt herausarbeiten

- Nase, Ohreninneres und Ballen mit Altrosa abstupfen
- Ohrenrand mit Schwarz (Setzen Sie den Pinsel hierfür am äußersten Rand an und ziehen Sie ihn in kurzen Strichen in das Ohreninnere. Sie erzielen hierdurch den Effekt von feinen Härchen.)

Augen:
- Augengrund mit Taubenblau oder Farngrün (Graue Katzen erhalten bei uns einen taubenblauen, graubraune Katzen einen farngrünen Augengrund.)
- Auge mit Schwarz
- Lichtstriche mit Weiß

Versiegeln
Glossauftrag auf das ganze Auge

Perserkatzen

Farben:
- Platingrau
- Patina Schwarz
- Weiß
- Taubenblau
- Schiefer

Grundieren: Platingrau
Patinieren: Schwarz

Drybrushing:
- Hier sollten Sie keine Stromlinien, sondern Flächen herausarbeiten. Schwanz, Rücken, Pfoten und Halskrause mit Weiß
- Nase mit Schiefer abstupfen

Augen:
- Augengrund mit Taubenblau
- Auge mit Schwarz
- Lichtpunkt mit Weiß

Versiegeln
Glossauftrag auf das ganze Auge

Vögel

Farben:
- Safaribeige
- Patina Braun
- Weiß
- Altrosa
- Rauchblau
- Schwarz

Grundieren: Safaribeige
Patinieren: Braun

Drybrushing:
- Ganzer Vogel zweimal mit Rauchblau (Zwischen den Aufträgen gut trocknen lassen!)
- Auftrag mit Altrosa nochmals über den gesamten Vogel
- Flügelspitzen, Brust und Schwanz mit Weiß
- Schnabel nicht bemalen

Augen:
- Auf einen Augengrund verzichten, gesamtes Auge mit Schwarz ausmalen
- Lichtpunkt mit Weiß

Versiegeln
Glossauftrag auf die Augen

Tip:
Um den Effekt von feinen Federn auf dem Kopf zu erreichen, feuchten Sie den Pinsel zuerst leicht an. Nun tauchen Sie die Pinselspitze in Altrosa, wischen diese vorsichtig in einem Tuch aus und malen schwunghaft in Strichrichtung über den Kopf. Trocknen lassen, mit Weiß wiederholen.

Eulen

Farben:
- Safaribeige
- Patina Braun
- Siena
- Farngrün
- Weiß
- Mahagoni
- Schwarz
- Orange

Grundieren: Safaribeige
Patinieren: Braun

Drybrushing:
- Ganze Eule mit Siena (siehe Tip Seite 22)
- Danach einen sehr zarten Auftrag mit Farngrün
- Augenkranz, Flügelspitzen, Ohren und Schwanzspitze mit Weiß (Je öfter Sie Weiß auftragen, desto intensiver wird es.)
- Brust erhält einen ganz leichten Auftrag mit Weiß
- Holzstamm mit Siena
- Blätter mit Farngrün
- Schnabel und Krallen mit Mahagoni

Augen:
- Die einzelne Eule auf dem Baumstamm erhält einen Augengrund in einem Terracottaton (Mischung aus Orange und Siena).
- Bei den anderen Eulen haben wir darauf verzichtet. Das gesamte Auge wird mit Schwarz ausgemalt.
- Lichtpunkte mit Weiß

Versiegeln
Glossauftrag auf das ganze Auge

Teddybären

Farben:
- Safaribeige
- Patina Braun
- Weiß
- Schwarz
- Altrosa
- Babyblau
- Türkis

Grundieren: Safaribeige
Patinieren: Braun

Drybrushing:
- Ganzer Teddybär mit Siena (siehe Tip Seite 22)
- Fußballen mit Altrosa abstupfen
- Ohren mit Weiß

- Schleifen wahlweise mit Altrosa, Babyblau, Türkis oder einer Farbe Ihrer Wahl

Augen:
- Augengrund bei den großen Teddybären mit Weiß; kleine Teddybären erhalten schwarze Knopfaugen.
- Auge mit Schwarz
- Lichtpunkte mit Weiß

Nase:
- Nase pur mit Schwarz ausmalen

Versiegeln
Glossauftrag auf das ganze Auge und die Nase

Müder Bär

Farben:
- Safaribeige
- Patina Braun
- Weiß
- Pink
- Altrosa
- Babyblau
- Siena
- Schwarz
- Perlmuttweiß

Versiegeln:
Glossauftrag auf das ganze Auge und die Nase

Geburtstagsbärchen

Farben:
- Safaribeige
- Patina Braun
- Weiß
- Goldgelb
- Altrosa
- Rubinrot
- Babyblau
- Türkis
- Farngrün
- Siena
- Schwarz
- Perlmuttweiß
- Perlmuttbraun
- Gold
- Schnee

Grundieren: Safaribeige
Patinieren: Braun

Drybrushing:
- Schlafrock und Mütze in Pink
- Ponpon, Mützenrand, Ärmel- und Halskrempe sowie Decke mit Weiß
- Fußsohlen mit Altrosa abstupfen
- Fell mit Siena
- Ärmel- und Halskrempe mit Perlmuttweiß

Pur:
- Deckenband mit Babyblau pur ausmalen
- Nase mit Schwarz

Augen:
- Augengrund mit Weiß
- Auge mit Schwarz
- Lichtpunkte mit Weiß

Alle Geburtstagsbärchen werden mit Safaribeige grundiert und mit Braun patiniert. Das Fell wird mit Siena gemalt. Augen und Nasen erhalten einen puren Farbauftrag mit Schwarz. Die Fußsohlen werden mit Altrosa abgestupft.

Torten-Bärchen

Drybrushing:
- Jacke und Torte mit Altrosa
- Hut, Kragen und Knöpfe mit Weiß, anschließend ein Auftrag Perlmuttweiß

Verzierung:
- Oberer Tortenrand erhält Blümchen, die sich aus fünf weißen und einem farngrünen Mittelpunkt zusammensetzen.

- Altrosa Punkte auf den Hutrand
- Weiße Punkte auf die Ärmelkrempen
- Schneeauftrag an den Tortenringen

Paket-Bärchen

Drybrushing:
- Paket und Halsschleife mit Türkis
- Jacke und Paketband mit Weiß, anschließend ein Auftrag mit Perlmutt-weiß
- Schleifenband mit Gold

Verzierung:
- Schleife pur mit Gold
- Drei Pünktchen in jede Paketecke

Trommel-Bärchen

Drybrushing:
- Mütze, Jacke und Trommel mit Babyblau
- Trommelfell mit Weiß, anschließend mit Perlmuttbraun abstupfen

Verzierung:
- Mützenrand, Hals- und Ärmelkrempen pur mit Weiß absetzen, anschließend noch ein Auftrag mit Perlmutt-weiß
- Abzeichen und Köpfe der Trommelschläger mit Rubinrot deckend bemalen, anschließend einen Hauch Gold
- Schlägerstiele deckend mit Gold ausmalen

Herz-Bärchen

Drybrushing:
- Mütze und Jacke mit Babyblau
- Blumenstrauß, das kleine und große Herz mit Rubinrot
- Mützenrand und Halstuch mit Weiß,

anschließend ein Auftrag Perlmutt-weiß

Verzierung:
- In den Blumenstrauß farngrüne und goldgelbe Punkte setzen.
- Das kleine Herz erhält mit Weiß einen Buchstaben (zum Beispiel „T" wie Teddy), das große Herz haben wir mit weißen Punkten in Dreiergruppen verziert.

Tip:
Wie bei den Lichtpunkten haben wir auch hier die Punkte mit einer Nadel gesetzt, damit sie schön gleichmäßig werden. Benutzen Sie – der Größe entsprechend – eine Stricknadel.

Puppen

Melinda

Farben:
- Safaribeige
- Patina Braun
- Weiß
- Vanille
- Altrosa
- Saphirblau
- Farngrün
- Natur

Grundieren: Safaribeige
Patinieren: Braun

Drybrushing:
- Mütze, Kleid und Schuhe mit Altrosa
- Mützenrand, Kragen, Ärmelkrempen, Gürtel, Schuhsohlen und Hosenbündchen mit Weiß
- Hose mit Farngrün
- Haare mit Vanille
- Gesicht, Arme und Beine mit Natur
- Lippen ganz leicht mit Altrosa

Verzierung:
- Das Kleid wird mit einem Muster aus fünf weißen und einem farngrünen Mittelpunkt verziert.

Augen:
- Augengrund mit Weiß
- Auge mit Saphirblau
- Lichtpunkte mit Weiß
- Lidstrich mit Siena

Versiegeln
Glossauftrag auf das ganze Auge

Puppenspielzeug

Das gesamte Spielzeug wird mit Safaribeige grundiert und mit Braun patiniert. Anschließend werden alle Teile im Drybrushing bemalt. Ausgenommen sind hier die Goldaufträge, Augen und Wangenrot.

Farben:
Clownkiste:
Weiß, Vanille, Rubinrot, Orchidee, Saphierblau, Babyblau, Türkis, Natur, Gold

Würfel:
Weiß, Goldgelb, Orchidee, Türkis

Lokomotive:
Weiß, Vanille, Orchidee, Platingrau, Schiefer, Schwarz, Gold

Puppe:
Weiß, Vanille, Rubinrot, Altrosa, Saphirblau, Natur

Versiegeln
Glossauftrag auf die Augen des Clowns und der Puppe

Christin und Christopher

Farben:
- Safaribeige
- Patina Braun
- Weiß
- Vanille
- Goldgelb
- Altrosa
- Saphirblau
- Rauchblau
- Farngrün
- Natur
- Siena
- Schwarz

Grundieren: Safaribeige
Patinieren: Braun

Drybrushing (Christin):
- Mütze, Kleid und Schuhe mit Altrosa
- Mützenrand, Kragen, Ärmelkrempen, Rüschen und Schuhsohlen mit Weiß
- Haare mit Vanille
- Gesicht, Arme und Beine mit Natur
- Teddy mit Siena
- Schleife und Tatzenunterseiten mit Altrosa
- Christins Lippen leicht Altrosa

Verzierung:
- Das Kleid erhält ein Muster, das aus drei weißen und einem farngrünen Mittelpunkt besteht. Kragen und Ärmelkrempen werden mit jeweils drei altrosa Punkten verziert.

Augen:
- Die Puppenaugen erhalten einen weißen Augengrund
- Auge mit Saphirblau
- Lichtpunkte mit Weiß
- Lidstrich mit Siena
- Teddyaugen mit Schwarz

Versiegeln
Glossauftrag auf die Augen und die Teddynase

Drybrushing (Christopher):
- Hose und Schuhe mit Rauchblau
- Pullover mit Altrosa
- Kragen, Ärmelkrempen mit Weiß
- Haare mit Vanille
- Gesicht, Arme und Beine mit Natur
- Häschen mit Siena
- Pfotenenden mit Altrosa
- Christophers Lippen leicht mit Altrosa

Verzierung:
- Den Pullover mit bunten Buchstaben und Zahlen bemalen.

Augen:
- Die Puppenaugen erhalten einen weißen Augengrund
- Auge mit Saphirblau
- Lichtpunkte mit Weiß
- Lidstrich mit Siena
- Hasenaugen und Nase mit Schwarz

Versiegeln
Glossauftrag auf die Augen und die Hasennase

Putten

Farben:
- Safaribeige
- Patina Braun
- Altrosa
- Natur
- Weiß
- Vanille
- Siena

Grundieren: Safaribeige
Patinieren: Braun

Drybrushing:
- Ganzer Körper mit Natur
- Flügel und Tuch mit Weiß
- Haare mit Vanille
- Lippen leicht mit Altrosa

Augen:
- Augengrund mit Weiß
- Auge mit Siena
- Lichtpunkte mit Weiß
- Lidstrich mit Siena

Versiegeln
Glossauftrag auf das ganze Auge

Puttenablage

Farben:
- Safaribeige
- Patina Braun
- Weiß
- Vanille
- Altrosa
- Natur
- Siena
- Gold
- Bronze
- Reißlack

Grundieren: Putten mit Safaribeige, Ablage mit Bronze
Patinieren: Nur die Putten mit Braun

Drybrushing:
- Putten mit Natur
- Flügel und Tuch mit Weiß
- Haare mit Vanille
- Lippen leicht mit Altrosa

Augen:
- Augengrund mit Weiß
- Auge mit Siena
- Lichtpunkte mit Weiß
- Lidstrich mit Siena

Reißlack:
Geben Sie auf die gesamte Bronzegrundierung einen satten Auftrag Reißlack. Dieser Auftrag muß gut durchtrocknen. Nach etwa ein bis zwei Stunden fühlt er sich trocken an.
Jetzt geben Sie einen fließenden Auftrag Altrosa über den Reißlack. Die zweite Farbschicht beginnt sofort zu reißen. *Benutzen Sie stets einen Haarpinsel. Tragen Sie die zweite Farbe nur ein einziges Mal auf, da Sie sonst keinen Reißeffekt erzielen!*

Tip:
Üben Sie den Auftrag erst einmal auf der Rückseite.

Verzierung:
Einzelne Ornamente pur mit Gold ausmalen.

Versiegeln
Glossauftrag auf die Augen

Hasenfamilie

Farben:
- Safaribeige
- Patina Braun
- Weiß
- Altrosa
- Nougat
- Siena
- Schwarz

Grundieren: Safaribeige
Patinieren: Braun

Drybrushing:
- Ganzer Hase mit Siena (siehe S. 22)
- Flächenweise Strukturen mit Nougat und Weiß herausarbeiten
- Nase mit Altrosa abstupfen

Augen:
- Augengrund mit Weiß
- Auge mit Schwarz
- Lichtstriche mit Weiß

Versiegeln
Glossauftrag auf das ganze Auge
Die Hasenfamilie wirkt auch in Grau beziehungsweise in der Dark-to-Light-Technik sehr schön.

Pünktchen und Ludwig

Farben:
- Platingrau
- Patina Schwarz
- Weiß
- Schwarz

Grundieren: Platingrau
Patinieren: Schwarz

Drybrushing:
- Ganzer Hase zwei- bis dreimal mit Weiß
- Flächenweise Fellstrukturen mit Schwarz herausarbeiten
- Nase mit Schwarz abstupfen

Augen:
- Augengrund mit Weiß
- Auge mit Schwarz
- Lichtpunkte mit Weiß

Versiegeln
Glossauftrag auf das ganze Auge

Schafe

Farben:
- Platingrau
- Patina Schwarz
- Weiß
- Altrosa
- Schwarz

Grundieren: Platingrau
Patinieren: Schwarz

Drybrushing:
- Das Schaf – außer dem Gesicht – mit Weiß. Das Gesicht bleibt im Patinaton. Nur der Bereich oberhalb der Augen etwas mit Weiß aufgehellen.
- Schnauze mit Altrosa abstupfen
- Hufe mit Schwarz

Augen:
- Gesamtes Auge mit Schwarz
- Lichtpunkte mit Weiß

Versiegeln
Glossauftrag auf die Augen

37

Osterdekorationen

Paul und Pauline

Farben:
- Safaribeige
- Patina Braun
- Weiß
- Goldgelb
- Altrosa
- Siena
- Schwarz
- Perlmuttweiß

Grundieren: Safaribeige
Patinieren: Braun

Drybrushing:
- Kleid beziehungsweise Hose mit Goldgelb

- Schwanz, Hosenbündchen und Kragen mit Weiß
- Fell mit Siena
- Nase und Fußballen mit Altrosa abstupfen. Die Nasen der Hasenkinder haben wir pur mit Schwarz ausgemalt. Dies wirkt optisch besser.

Verzierung:
- Die Kragen erhalten einen Auftrag in Perlmuttweiß.
- Knöpfe mit Weiß
- Kleidabschluß mit weißen Punkten in Dreiergruppen verzieren.

Augen:
- Augengrund mit Weiß
- Auge mit Schwarz
- Lichtstriche mit Weiß

Versiegeln
Glossauftrag über das ganze Auge

Frieda und Friedrich

Farben:
- Safaribeige
- Patina Braun
- Weiß
- Rauchblau
- Orchidee
- Altrosa
- Siena
- Schwarz

Grundieren: Safaribeige
Patinieren: Braun

Drybrushing:
- Hose mit Rauchblau
- Kleid, Halstuch, Taschen mit Orchidee
- Rüschen und Kleidunterseite mit Weiß
- Fell mit Siena

- Nasen und Fußballen mit Altrosa abstupfen

Verzierung:
- Das Kleid erhält ein Muster aus weißen Pünktchen in Dreiergruppen.
- Hosenknöpfe mit Weiß ausmalen, in jeden Knopf zwei schwarze Punkte setzen.
- Brusttasche mit einem „F" wie Friedrich verzieren.

Augen:
- Augengrund mit Weiß
- Auge mit Schwarz
- Lichtstriche mit Weiß

Versiegeln
Glossauftrag über das ganze Auge

- Flaumhärchen auf dem Kopf mit Weiß
- Schnabel und Füße mit Orange

Augen:
- Augengrund mit Weiß
- Auge mit Schwarz
- Lichtpunkte mit Weiß

Versiegeln:
Glossauftrag über das ganze Auge

Tip:
- Für eine intensiv weiße Eierschale benötigen Sie etwa fünf Aufträge. Benutzen Sie hierfür einen runden Drybrush-Pinsel und lassen Sie etwas mehr Farbe als gewohnt im Pinsel.
- Bei den Küken wird das schwarze Auge nicht mittig, sondern in die oberen zwei Drittel des Augengrundes eingesetzt.
  Die natürlichen Küken erhalten nur ein schwarzes Auge.
- Als Pflanzschale haben wir ein Spieldosenunterteil verwendet.

Küken im Ei

Farben:
- Safaribeige
- Patina Braun
- Weiß
- Goldgelb
- Orange
- Schwarz

Grundieren: Safaribeige
Patinieren: Braun

Drybrushing:
- Küken mit Goldgelb
- Eierschalen mit Weiß

Küken

Farben:
- Safaribeige
- Patina Braun
- Weiß
- Goldgelb
- Orange
- Schwarz

Grundieren: Safaribeige
Patinieren: Braun

Drybrushing:
- Gesamtes Küken mit Goldgelb
- Schnabel und Füße mit Orange

Augen:
- Augengrund mit Weiß
- Auge mit Schwarz
- Lichtpunkte mit Weiß

Versiegeln
Glossauftrag über das ganze Auge

Strukturküken

Farben:
- Safaribeige
- Patina Braun
- Weiß
- Vanille
- Goldgelb
- Orange
- Schwarz

Grundieren: Safaribeige
Patinieren: Braun

Drybrushing:
- Ganzes Küken mit Goldgelb, anschließend einen leichten Auftrag mit Vanille

- Schnabel und Füße mit Orange

Augen:
- Augengrund mit Weiß
- obere zwei Drittel mit Schwarz
- Lichtpunkte mit Weiß

Versiegeln
Glossauftrag über das ganze Auge

Lustige Hasenminiaturen

Farben:
- Safaribeige
- Patina Braun
- Weiß
- Goldgelb
- Orange
- Altrosa
- Orchidee
- Taubenblau
- Rauchblau
- Türkis
- Immergrün
- Siena
- Schwarz
- Perlmuttweiß
- Perlmuttrosa

Alle Miniaturen werden mit Safaribeige grundiert, und mit Braun patiniert. Die Augenform ist auf dem Schrühteil vorgegeben. Wie gewohnt einen weißen Augengrund, ein schwarzes Auge und weiße Lichtpunkte malen.
Die Zähne werden pur mit Weiß, die Nase mit Schwarz ausgemalt.

Drybrushing (Hase mit Mohrrübe):
- Mohrrübe mit Orange
- Mohrrübengrün mit Immergrün
- Lätzchen, Ohrenumrandung, Fußspitzen und Schwänzchen mit Weiß
- Fell mit Siena

Verzierung:
Über das Lätzchen einen Auftrag mit Perlmuttweiß

Drybrushing (Hase mit Ei):
- Ei mit Orchidee abstupfen
- Mütze mit Taubenblau
- Fell mit Siena
- Fußballen mit Altrosa
- Ohrenumrandung, Schwänzchen und Mützentrottel mit Weiß

Verzierung:
- Das Ei mit Pünktchen in den Farben Weiß und Türkis verzieren.
- Mit einem Haarpinsel Perlmuttrosa auf das Ei und die Mütze auftragen.

Drybrushing (Hase mit Karre):
- Karre mit Taubenblau
- Gras mit Immergrün
- Küken mit Goldgelb
- Kükenschnabel und -füße mit Orange
- Hasenfell mit Siena
- Ei, Schwänzchen und Ohrenumrandungen mit Weiß
- Wangenfell ganz leicht mit Weiß

Verzierung:
- Mit einem Haarpinsel Perlmuttweiß auf das Ei auftragen.

Drybrushing (Hase auf dem Ei):
- Latzhose mit Rauchblau
- Ei mit Orchidee
- Fell mit Siena
- Fußballen mit Altrosa
- Ohrspitzen und Schwänzchen mit Weiß

Verzierung:
- Das große Ei pur mit Weiß bemalen, anschließend ein Auftrag Perlmuttweiß.
- Das kleine Ei wird mit Perlmuttrosa bemalt
- Auf die Tasche wird mit Orange und Immergrün eine kleine Mohrrübe gemalt.

Drybrushing (Hase mit Pinsel):
- Hemd mit Rauchblau
- Küken mit Goldgelb
- Kükenschnabel und -füße mit Orange
- Pinsel mit Altrosa
- Fell mit Siena
- Fußspitzen, Ohrspitzen, Schwänzchen und Pinselhaare mit Weiß

- Farbe am Pinsel und auf dem Küken-kopf mit Immergrün

Verzierung:
- Die Hemdkanten erhalten eine Ein-fassung aus kleinen weißen Pünkt-chen

Drybrushing (Hase mit Ei auf dem Rük-ken):
- Ei mit Weiß
- Schnabel mit Orange

- Trageband mit Türkis
- Ohrenumrandung, Schwänzchen und Brust mit Weiß, das Wangenfell ganz zart mit Weiß

Verzierung:
- Mit einem Haarpinsel Perlmuttrosa auf das Trageband malen.

Anschließend werden alle Miniaturen versiegelt. Glossauftrag auf die Augen und Nasen.

Drybrushing:
- Jacke, Mütze und Hose mit Rubinrot
- Bart mit Weiß
- Stiefelrand, Kragen, Trottel, Ärmel- und Jackenkrempen mit Weiß abstupfen
- Gesicht mit Natur
- Wangenrot mit Rubinrot
- Handschuhe, Stiefel und Gürtel mit Schwarz

Pur:
Gürtelschnalle mit Gold

Augen:
- Augengrund mit Weiß
- Auge mit Saphirblau
- Lichtstriche mit Weiß
- Lidstrich mit Siena

Versiegeln
Glossauftrag über das ganze Auge

Weihnachtsdekorationen

Sitzender Weihnachtsmann

Farben:
- Safaribeige
- Patina Braun
- Weiß
- Rubinrot
- Saphirblau
- Natur
- Siena
- Schwarz
- Gold
- Schnee

Grundierung: Safaribeige
Patinieren: Braun

Nußschale

Hierbei handelt es sich um eine Vogeltränke, die wir für unsere Zwecke umgestaltet haben.

Grundieren: Rubinrot
Patinieren: Braun

Versiegeln
Um den Weihnachtsmann mit der Schale zu verbinden, haben wir Schnee benutzt.
Tragen Sie den Schnee an der gewünschten Stelle satt auf. Setzen Sie hierein den Weihnachtsmann. Bis der Schnee vollständig ausgehärtet ist, müssen Sie ihn abstützen.

Weißer Weihnachtsmann

Farben:
- Safaribeige
- Patina Braun
- Weiß
- Rubinrot
- Saphirblau
- Natur
- Siena
- Schwarz
- Gold
- Diamantenstaub

Grundieren: Safaribeige
Patinieren: Braun

Drybrushing:
- Jacke, Hose, Mütze, Bart und Augenbrauen mit Weiß
- Gesicht mit Natur
- Wangenrot mit Rubinrot
- Sack mit Siena

Pur:
- Sackband und Gürtelschnalle mit Gold
- Stiefel, Gürtel und Knöpfe mit Schwarzgold (Mischen Sie hierfür Schwarz und Gold im Verhältnis 2 : 1)

Augen:
- Augengrund mit Weiß
- Auge mit Saphirblau
- Lichtpunkte mit Weiß
- Lidstriche mit Siena

Versiegeln
Glossauftrag über das ganze Auge
Diamantenstaub: Tragen Sie Gloss auf die Stellen auf, die Sie mit Diamantenstaub bestreuen möchten. Das Gloss muß noch flüssig sein, damit es klebt. Streuen Sie jetzt den Diamantenstaub in das Gloss. Gut durchtrocknen lassen und nicht mehr versiegeln!

Weihnachtsmann mit Teelicht

Farben:
- Safaribeige
- Patina Braun
- Weiß
- Natur
- Siena
- Schwarz
- Rubinrot
- Saphirblau
- Gold
- Schnee

Grundieren: Safaribeige
Patinieren: Braun

Drybrushing:
- Jacke, Mütze und Hose mit Rubinrot
- Bart und Augenbrauen mit Weiß
- Gesicht mit Natur
- Wangenrot mit Rubinrot
- Sack mit Siena

Pur:
- Stiefel und Gürtel mit Schwarz
- Sackband und Gürtelschnalle mit Gold

Augen:
- Augengrund mit Weiß
- Auge mit Saphirblau
- Lichtpunkte mit Weiß
- Lidstrich mit Siena

Versiegeln
Glossauftrag über das ganze Auge

Verzierung:
Trottel, Mützen-, Ärmel-, Jacken- und Stiefelkrempen erhalten einen Schneeauftrag.

Engel

Farben:
- Safaribeige
- Patina Braun
- Weiß
- Vanille
- Babyblau
- Saphirblau
- Natur
- Siena

Grundieren: Safaribeige
Patinieren: Braun

Drybrushing:
- Kleider mit Babyblau
- Haare mit Vanille
- Flügel, Kragen, Rüschen und Ärmelkrempen mit Weiß
- Gesicht, Hände und Füße mit Natur

Tannen

Farben:
- Safaribeige
- Patina Braun
- Farngrün
- Bronze

Grundieren: Safaribeige
Patinieren: Braun

Drybrushing:
Die ganze Tanne mit Farngrün, anschließend einen Hauch Bronze

Versiegeln

Musikengel

Farben:
- Safaribeige
- Patina Braun
- Weiß
- Vanille
- Altrosa
- Natur
- Gold

Grundieren: Safaribeige
Patinieren: Braun

Drybrushing:
- Kleidchen mit Altrosa
- Haare mit Vanille
- Flügel mit Weiß
- Gesicht, Hände und Füße mit Natur

Pur:
Kragen, Instrumente und Punkte mit Gold

Versiegeln

Engel auf Wolke

Farben:
- Safaribeige
- Patina Braun
- Weiß
- Vanille
- Altrosa
- Saphirblau
- Natur
- Siena
- Gold
- Schnee

Grundieren: Safaribeige
Patinieren: Braun

Drybrushing:
- Kleider mit Altrosa
- Flügel und Kragen mit Weiß, anschließend ein Auftrag Gold
- Haare mit Vanille
- Gesicht, Hände und Füße mit Natur

Augen:
- Augengrund mit Weiß
- Auge mit Saphirblau
- Lichtpunkte mit Weiß
- Lidstrich mit Siena

Versiegeln
Glossauftrag über das ganze Auge
Schneeauftrag: Ärmelaufschläge und Tupfen auf das Kleid

Wolken

Im Gegensatz zu den bereits angeführten Beispielen sind die Wolken nicht mit Kaltfarben, sondern mit einer Glasur bemalt.

Material:
- Pinsel zum Abstauben
- Schwämmchen
- Blauweiße Glasur
- Fächerpinsel

1. Beim Glasieren ist Sauberkeit das A und O. Deshalb müssen Sie die Wolke gründlich abstauben.

2. Wischen Sie die Wolke mit einem feuchten Schwämmchen gut ab. Hierdurch entfernen Sie die letzten Verunreinigungen. Gleichzeitig nimmt die Schrühware etwas Feuchtigkeit auf, so daß sie sich beim ersten Anstrich nicht zu stark mit Glasur vollsaugt.

3. Tragen Sie die Glasur mit einem Fächerpinsel fließend auf die Wolke auf. Gut trocknen lassen. Je nach benötigter Glasur müssen Sie den Auftrag noch zwei- bis dreimal wiederholen.

4. Glasurbrand bie 1015 °C (Cone 06).

Tip:
Sparen Sie nicht mit der Glasur. Beim Auftragen darf der Pinsel nicht auf der Keramik zu hören sein. Das heißt, daß Sie den Fächerpinsel alle zwei bis drei Malstriche neu in die Glasur tauchen müssen.

49

Winterdorf

Farben:
- Safaribeige
- Patina Braun
- Weiß
- Vanille
- Goldgelb
- Pink
- Altrosa
- Rubinrot
- Saphirblau
- Rauchblau
- Babyblau
- Moosgrün
- Farngrün
- Siena
- Mahagoni
- Schwarz
- Gold
- Perlmuttweiß
- Schnee

Alle Teile werden mit Safaribeige grundiert und mit Braun patiniert.

Plattform

Drybrushing:
- Zwei Aufträge mit Babyblau
- Ein Auftrag mit Pink
- Steine und Stufen mit Weiß absetzen

Eckhaus

Drybrushing:
- Dach, Erkerdach, Eingang und Wände mit Weiß
- Schornstein mit Babyblau, anschließend Pink und einen Hauch Weiß
- Tür mit Siena

Pur:
- Holzbalken mit Babyblau
- Fensterrahmen mit Weiß, anschließend Perlmuttweiß
- Türklinke mit Gold

Haus mit rotem Dach

Drybrushing:
- Wände und Schornstein mit Weiß
- Dach, Erkerdach, Steine und Hausnummernschild mit Rubinrot
- Holzbalken mit Siena
- Fensterrahmen und Haustür mit Mahagoni
- Fensterglas mit Goldgelb

Pur:
- Laterne mit Rubinrot, die Verstrebungen mit Schwarz absetzen und mit Gold verzieren

Haus mit blauem Dach

Drybrushing:
- Dach, Erkerdach, Balken und Hausnummernschild mit Rauchblau
- Dach und Wände mit Weiß
- Fensterglas mit Goldgelb
- Haustür mit Mahagoni
- Schornstein mit Schwarz absetzen

Kirche

Drybrushing:
- Wände mit Weiß
- Kirchturm, -fenster und -dach mit Rubinrot, anschließend einen Auftrag mit Saphirblau, jedoch beim Kirchendach nur flächenweise

- Fensterglas mit Goldgelb
- Tür mit Siena
- Tannen und Büsche mit Farngrün, anschließend mit Weiß

Pur:
- Kirchturm, Kirchturmfenster, rundes Fenster und Kirchentür mit Gold verzieren

Tannen

Drybrushing:
- Tannen mit Farngrün, anschließend mit Weiß

Schlitten

Drybrushing:
- Schlitten mit Rubinrot

Menschen-Zweiergruppe

Drybrushing:
- Kleid und Hut mit Altrosa
- Hutkrempe, Cape, Schleife und Är-
  melaufschläge mit Weiß
- Jacke und Stiefel mit Babyblau
- Mütze, Schal und Hose mit Rauch-
  blau, danach den Schal mit Babyblau
  streifen
- Mützenrand, Ponpon und Handschu-
  he mit Weiß

Pur:
- Kleid und Mütze werden mit weißen
  Punkten verziert
- Jackenknöpfe mit Rauchblau

Schneeballwerfer

Drybrushing:
- Jacke und Mütze mit Rubinrot
- Schal, Hose und Handschuhe mit
  Rauchblau
- Schuhe mit Siena
- Mützenrand, Ärmelaufschläge und
  Pulloverbündchen mit Weiß
- Schal mit Weiß streifen
- Haare mit Vanille

Pur:
- Knöpfe und Jackentasche mit Weiß

Laterne

Drybrushing:
- Fensterglas mit Goldgelb
- Laterne mit Schwarz, anschließend
  ein Auftrag mit Gold

Pur:
Die Ringe um die Laterne werden pur
mit Gold ausgemalt.

Dreiergruppe Mann

Drybrushing:
- Hose und Jacke mit Bordeauxrot (Mi-
  schung aus Rubinrot und Saphirblau)
- Flicken und Schuhe mit Siena
- Hut mit Schwarz
- Hutkrempe leicht mit Weiß
- Schal, Ärmelaufschläge und Kacken-
  bündchen mit Weiß

- Schal mit Bordeauxrot absetzen
- Haare mit Vanille

Pur:
- Knöpfe mit Weiß
- Glocke mit Gold

Frau

Drybrushing:
- Rock und Jacke mit Babyblau
- Hut, Schleife und Ärmelaufschläge mit Weiß
- Gesangbuch mit Gold
- Haare mit Vanille

Pur:
- Rock mit weißen Punkten verziert

Junge

Drybrushing:
- Mütze und Hose mit Rubinrot
- Jacke mit Moosgrün
- Mützenrand und Schal mit Weiß
- Schal mit Rubinrot streifen
- Schuhe mit Siena
- Haare mit Vanille

Pur:
- Jacke mit weißen Knöpfen verziert

Junge im Vordergrund

Drybrushing:
- Mütze und Jacke mit Rauchblau
- Hose und Handschuhe mit Rubinrot
- Schuhe mit Siena
- Haare mit Vanille
- Mützenrand und Schal mit Weiß
- Mützenrand mit rubinroten, Schal mit rauchblauen und die Jacke mit zartweißen Streifen absetzen

Schneeauftrag:
Sämtliche Häuser, Figuren und Accessoires werden in ein Schneebett gesetzt. Der Schnee schafft nach dem Trocknen eine fabelhafte Verbindung zwischen den Keramikteilen.
Anschließend erfolgt noch ein Schneeauftrag auf die Dächer und Schornsteine.

Versiegeln

Knusperhaus

Farben:
- Safaribeige
- Patina Braun
- Weiß
- Vanille
- Goldgelb
- Pink
- Altrosa
- Rubinrot
- Orchidee
- Siena
- Mahagoni
- Schwarz
- Gold
- Perlmuttweiß
- Perlmuttrosa
- Diamantenstaub
- Schnee

Grundieren: Safaribeige
Patinieren: Braun

Drybrushing:
- Schornstein, Dach und Erker mit Rubinrot
- Balken, Fensterrahmen und Haustür mit Mahagoni
- Seitenwände mit Siena
- Fenster mit Goldgelb
- Zuckerstangen mit Weiß
- Fensterklappen mit Vanille
- Die Kekse wurden mit bunten Farben wie Weiß, Goldgelb, Pink, Altrosa, Rubinrot und Orchidee bemalt.

Pur:
Schornstein mit Schwarz absetzen
- Türgriff mit Gold
- einige Kekse mit Perlmuttweiß beziehungsweise Perlmuttrosa übermalen

Versiegeln

Verzierungen:
- einige Kekse mit Diamantenstaub
- Schneeauftrag auf Schornstein, Dachkanten, Sims und Fensterbänken

Kleine Rehe

Farben:
- Safaribeige
- Patina Braun
- Weiß
- Orange
- Siena
- Schwarz

Grundieren: Safaribeige
Patinieren: Braun

Drybrushing:
- Das ganze Reh mit Siena, anschließend einen leichten Auftrag mit Orange
- Ohren- und Augenränder, Beine, Blässe sowie Punkte auf dem Rücken mit Weiß
- Schnauze und Hufe mit Schwarz

Augen:
- Ganzes Auge mit Schwarz
- Lichtpunkte mit Weiß

Versiegeln
Glossauftrag auf das ganze Auge

Schneemann

Farben:
- Safaribeige
- Patina Braun
- Weiß
- Vanille
- Rubinrot
- Farngrün
- Schwarz
- Gold

Grundieren: Safaribeige
Patinieren: Braun

Drybrushing:
- Schneemann und Schal mit Weiß
- Haare und Handschuhe mit Vanille
- Hut und Knöpfe mit Schwarz
- Hutband, Ohrenwärmer, Nase, Schaltrottel und jedes zweite Schalband mit Rubinrot
- Blätter, Paket und Tannenbaum mit Farngrün

Pur:
Paketband, Kugeln und Früchte am Hut mit Gold ausmalen

Augen:
Die Augen mit Schwarz ausmalen, Lichtpunkte mit Weiß setzen

Versiegeln
Glossauftrag auf die Augen

Krippenspiel

Alle Farbzusammenstellungen entstammen unserer Phantasie und sind jederzeit durch andere zu ersetzen. Lediglich bei Maria und Josef sollte der Symbolcharakter der Farben beachtet werden.

Farben:
- Safaribeige
- Platingrau
- Senf
- Pink
- Rubinrot
- Taubenblau
- Perlmuttweiß
- Perlmuttgelb
- Perlmuttrosa
- Patina Braun
- Patina Schwarz
- Weiß
- Vanille
- Goldgelb
- Orange
- Babyblau
- Moosgrün
- Farngrün
- Siena
- Mahagoni
- Schwarz
- Perlmuttrot
- Perlmuttrosa
- Perlmuttblau
- Perlmuttgrün
- Perlmuttbraun

Bei sämtlichen Figuren – den dunkelhäutigen König ausgenommen – wird auf eine Hautfarbe verzichtet. Auch wird kein Augengrund gemalt, da dies zu stechend wirken würde. Augen stets mit Mahagoni malen, den Lichtpunkt mit einem Eierschalton (Vanille mit Weiß) setzen. Kein Glossauftrag!

Maria

Grundieren: Safaribeige
Patinieren: Braun

Drybrushing:
- Kleid und Schleier mit Weiß
- Umhang und Gürtel mit Babyblau
- Haare mit Vanille

Josef

Grundieren: Safaribeige
Patinieren: Braun

Drybrushing:
- Haare und Bart mit Weiß
- Mantel mit Vanille, danach Perlmuttgelb, zum Schluß ein Auftrag Siena
- Das Kleid wird wie der Mantel bemalt, erhält jedoch zusätzlich einen Auftrag Bordeauxrot (Mischung aus Rubinrot und etwas Schwarz)
- Gürtel und Schnürbänder mit Farngrün
- Schuhe mit Mahagoni

Jesus

Grundieren: Safaribeige
Patinieren: Braun

Drybrushing:
- Haare mit Mahagoni

Krippe

Grundieren: Safaribeige
Patinieren: Braun

Drybrushing:
- Holzteile mit Siena
- Stroh mit Vanille
- Tuch mit Weiß

Stehender König

Grundieren: Safaribeige
Patinieren: Braun

Drybrushing:
- Hut mit Bordeauxrot (Mischung aus Rubinrot mit etwas Schwarz)
- Umhang mit Bordeauxrot, danach ein Auftrag mit Perlmuttrot
- Borte mit Weiß, danach Bronze
- Kleid mit Farngrün, danach ein Auftrag mit Perlmuttgrün
- Seidentuch mit Weiß, danach Perlmuttbraun
- Bart und Haare mit Weiß
- Schuhe mit Mahagoni

Verzierung:
- Gefäß und Armband mit Bronze
- Steine des Armbandes mit Bordeauxrot
- Verzierungen am Hut mit Bronze

König mit Turban

Grundieren: Safaribeige
Patinieren: Braun

Drybrushing:
- Mantel mit Babyblau, danach ein Auftrag mit Perlmuttblau
- Turban mit Babyblau, anschließend ein Hauch Bronze
- Kleid mit Weiß, danach Perlmuttweiß
- Gürtel mit Goldgelb, anschließend ein Auftrag mit Perlmuttgelb
- Geschenktruhe mit Perlmuttrosa
- Haare und Bart mit Schwarz
- Gesicht und Hände mit Mahagoni

Pur:
- Turbanband mit Bordeauxrot ausmalen
- Verzierungen der Geschenktruhe mit Bronze absetzen

Kniender König

Grundieren: Safaribeige
Patinieren: Braun

Drybrushing:
- Hut mit Moosgrün, danach einen Hauch Bronze
- Haare mit Siena
- Umhang mit Vanille, anschließend Perlmuttgelb
- Kleid mit Babyblau, anschließend Perlmuttblau
- Kragen mit Bronze
- Schnur mit Goldgelb, danach Perlmuttgelb
- Stiefel mit Mahagoni

Pur:
- Gefäß mit Goldgelb bemalen, anschließend Bronze auftragen
- Stiefelverzierungen mit Bronze

Alter Hirte

Grundieren: Safaribeige
Patinieren: Braun

Drybrushing:
- Schaf, Haare und Bart mit Weiß
- Kleid mit Moosgrün
- Gürtel mit einem Terracottaton (Mischung aus Orange und Siena)
- Mantel mit Vanille
- Schuhe mit Mahagoni

Stehender Hirte

Grundieren: Safaribeige
Patinieren: Braun

Drybrushing:
- Haare, Schuhe und Messertasche mit Siena
- Kleid, Tasche und Gürtel mit Babyblau
- Stab und Messergriff mit Vanille
- Schafe und Schaffellumhang mit Weiß

Sitzender Hirte

Grundieren: Safaribeige
Patinieren: Braun

Drybrushing:
- Schaf und Hemd mit Weiß
- Kleid mit Terracotta (Mischung aus Orange und Siena)
- Tuch mit Moosgrün
- Haare und Schuhe mit Vanille

Esel

Grundieren: Platingrau
Patinieren: Schwarz

Drybrushing:
- Schwanzspitze, Mähne und Ohrumrandungen mit Weiß
- Hufe mit Schwarz

Augen:
- Pur mit Schwarz ausmalen, Lichtpunkte mit Weiß setzen

Kuh

Grundieren: Senf
Patinieren: Braun

Drybrushing:
- Hufe mit Mahagoni
- Euter mit einem Hauch Pink
- Ohren, Hörner und Schwanzspitze mit einem Eierschalton (Mischung aus Weiß und Vanille)
- Hörnerspitzen mit Siena

Augen:
- Die Augen pur mit Mahagoni ausmalen, die Lichtpunkte mit dem Eierschalton setzen.

Liegendes Kamel

Grundieren: Senf
Patinieren: Braun

Drybrushing:
- Flaumhaare mit Siena
- Satteldecke mit Farngrün, anschließend Perlmuttgrün
- Sattel mit Perlmuttbraun

- Decke mit Vanille, danach Perlmuttgelb
- Schaffell mit Weiß
- Säcke mit Bordeauxrot (Mischung aus Rubinrot mit etwas Schwarz)
- Riemen mit Bordeauxrot
- Trottel: Farngrün, danach zusammen mit den Bändern mit Perlmuttgrün bemalen

Pur:
Das Netz mit Bronze ausmalen

Augen:
- Die Augen pur mit Mahagoni ausmalen, die Lichtpunkte mit dem Eierschalton setzen.

Stehendes Kamel

Grundieren: Senf
Patinieren: Braun

Drybrushing:
- Beutel mit Vanille, danach Perlmuttgelb
- Sattelknöpfe mit Vanille, anschließend mit Perlmuttgelb
- Sattel mit Perlmuttbraun
- Satteldecke mit Bordeauxrot (Mischung aus Rubinrot und etwas Schwarz)
- Flaumhaare mit Siena
- Schwanzspitze mit Weiß
- Riemen mit Bordeauxrot
- Trottel: Farngrün, anschließend zusammen mit den Bändern mit Perlmuttgrün übermalen

Augen:
- Augen pur mit Mahagoni ausmalen, den Lichtpunkt mit dem Eierschalton setzen.

Antike Bronzetechnik

Bei der antiken Bronzetechnik handelt es sich um eine Malart, die im Drybrushing, jedoch ohne Patina und nur mit Schwarz und Bronze gestaltet wird. Besonders ausdrucksstarke Objekte sind Enten und Vögel.

Die Teile werden mit Schwarz grundiert. Achten Sie darauf, daß kein weißes Fleckchen mehr zu sehen ist. Dies würde den Gesamteindruck stören.

Anschließend wird Bronze im Drybrushing aufgetragen. Hellen Sie einige Stellen, zum Beispiel Schnabel und Flügelspitzen, etwas auf.

Wie gewohnt versiegeln.

Anmerkung: Bei dieser Technik kann es passieren, daß zuviel Bronze aufgetragen wird. Dies wirkt schnell kitschig. Grundieren Sie diese Stellen nochmals mit Schwarz und verwenden Sie weniger Bronze.

60

Dark-to-Light-Technik

Auch bei der Dark-to-Light-Technik wird auf das Patinieren verzichtet. Man beginnt hierbei mit der dunkelsten Farbe, die Schicht für Schicht aufgehellt wird. Sie empfiehlt sich besonders bei dunkel gehaltenen Figuren oder bei der Arbeit mit Perlmuttfarben.

Hahn und Henne

Farben:
- Weiß
- Goldgelb
- Rubinrot
- Taubenblau
- Immergrün
- Schwarz
- Perlmuttweiß
- Perlmuttgelb
- Perlmuttrot
- Perlmuttrosa
- Perlmuttblau
- Perlmuttgrün

Grundieren: Schwarz

Drybrushing:
- Brust, Schenkel, Rücken, Kamm und Lappen mit Rubinrot
- Hals-, Flügel- und Schwanzfedern (Henne) mit Weiß
- Schnabel und Füße, stellenweise auch vorher rot beziehungsweise weiß bemalte Flächen, mit Gelb überziehen
- Sockel und Gräser mit Immergrün
- Die Schwanzfedern des Hahnes werden sehr farbenfroh gestaltet. Hierfür verwendet man die Farben Taubenblau, Immergrün, Goldgelb und Rubinrot.
  Anschließend wird über jede Farbe die entsprechende Perlmuttfarbe aufgetragen. Den Lilaton erzielen Sie, indem Sie erst Perlmuttrosa und dann Perlmuttblau auftragen. Ein herrliches Blau erreichen Sie, wenn Sie es direkt auf das Schwarz auftragen.

Augen:
Die Augen werden vollflächig mit Schwarz ausgemalt. Lichtpunkte mit Weiß setzen.

Versiegeln
Glossauftrag auf die Augen

In der Dark-to-Light-Technik lassen sich auch schwarzbraune Hasen und Katzen besonders gut bemalen. Benutzen Sie hierfür eine schwarze Grundierung und arbeiten Sie die Strukturen mit Siena, Nougat und einem Hauch Weiß heraus. Als Augengrund für die Hasen empfehlen wir Nougat, für die Katzen Farngrün.

Ausglasieren von Dosen

Viele schöne oder witzige Keramikartikel sind in Form einer Dose gestaltet. Diese Teile sind besonders beliebt, da sie die Wohnung schmücken und gleichzeitig einen Zweck erfüllen.

Damit diese Dosen auch mit Lebensmitteln gefüllt werden können, ist es ratsam, sie von innen zu glasieren.
Grundsätzlich dürfen nur Schrühteile glasiert werden.
Stauben Sie das Schrühteil von innen und außen gut mit einem Staubpinsel ab.
Wischen Sie das zu glasierende Teil mit einem feuchten Schwämmchen aus. Dadurch entfernen Sie die letzten Staubpartikel. Gleichzeitig ist die Keramik leicht angefeuchtet und saugt sich nicht zu stark voll Glasur.
Geben Sie jetzt den Inhalt des Töpfchens in das Doseninnere. Drehen Sie diese so lange, bis die Glasur alle Stellen erreicht hat. Da die Glasur leicht türkis gefärbt ist, können Sie es gut erkennen. Nach dem Brand wird die Glasur transparent. Gießen Sie den Rest zurück in das Töpfchen und beseitigen Sie „Klekkerspuren" gründlich mit Wasser. Nach dem Trocknen erfolgt der Glasurbrand bei 1015 bis 1030 °C (Cone 06).

Gänsemutter

Schrühbrand bei 1060 °C (Cone 04)
Glasurbrand bei 1015 bis 1060 °C
(Cone 06).

Farben:
- Safaribeige
- Patina Braun
- Weiß
- Vanille
- Goldgelb
- Altrosa
- Farngrün
- Platingrau
- Schiefer
- Gold

Grundieren: Safaribeige
Patinieren: Braun

Drybrushing:
- Hutband und Kleid mit Altrosa
- Kopf, Hals, Hände, Bauch, Po, Ärmelkrempen, Kragen und Schürze mit Weiß
- Hut und Schnabel mit Vanille
- Blumenstraußuntergrund mit Farngrün
- Staubgefäße mit Goldgelb
- Blüten mit Weiß
- Kragen mit Gold

Pur:
- Taschenband mit Altrosa
- Brille mit Gold
- Brillengläser mit Platingrau
- Spiegelstriche gegengleich mit Weiß setzen

Augen:
- Augen vollflächig mit Schiefer ausmalen
- Lichtstriche mit Weiß setzen

Versiegeln
Glossauftrag auf die Augen und die Brillengläser

Tips:
- Benutzen Sie für die Aufträge mit Weiß einen großen, runden Drybrush-Pinsel. Lassen Sie mehr Farbe als gewohnt im Pinsel und stupfen Sie damit die Stellen ab. Zwischen den Aufträgen gut trocknen lassen!
- Wenn Sie etwas Patina auf ein Tuch geben und damit leicht über Hut und Schnabel wischen, erzielen Sie einen sehr natürlichen Farbeffekt.

Verwendete Dekorationsmaterialien

Die meisten Dekorationsmaterialien finden wir bei Spaziergängen am Strand oder im Wald. Darüber hinaus benutzen wir auch gekauftes Material. Unter anderem haben wir bei unseren Arbeiten folgendes verwendet:
Dschungelgras, Streu für Meerschweinchen etc., Islandmoos, Seerosenblüten, Weidenkörbe, Wildhafer, Deko-Schaukeln, Ginster, Lilienblüten, Osterglocken, Stripgras, Schmetterlinge in Gelb und Lavendel, Deko-Federn in Weiß, Lotusblätter, Sprayblüten und Wicken in Weiß, gelbe Lilien, Moiréband, olivgrüne Artischockenherzen, Weidenteller, Knospen und Blüten von Apfelblütenstielchen und Deko-Schnee.